AF245421

INSTRUCTIONS

POUR

LES ENFANS,

OU

ABRÉGÉ

DES PRINCIPAUX DEVOIRS

DU BON CITOYEN.

Par la Citoyenne H***.

A PARIS,

Chez MIGNERET, Imprimeur, rue Jacob, N.º 40.
Et chez tous les Marchands de nouveautés.

L'An II de la République Française, une et indivisible.

INSTRUCTIONS

POUR LES ENFANS,

OU

ABRÉGÉ

Des principaux devoirs du bon Citoyen.

PRIÈRE DU MATIN.

Dieu créateur de tout, toi qui nous as donné le bonheur de vivre, qui as créé notre nourriture, nos biens, nos plaisirs; accepte notre hommage; fais que nous soyions bons et sages toute cette journée, et que nous bénissions toujours tes bienfaits.

A.

PRIÈRE DU SOIR.

Pardonne-nous nos fautes, Dieu tout-puissant, toi qui nous as donné le courage de les avouer : c'est de toi que viennent toutes les vertus ; donne-nous les moyens d'en avoir beaucoup ; rends-nous toujours bons, estimables, et re-connoissans envers toi.

CATÉCHISME.

D. Qu'est-ce qu'un honnête homme?

R. C'est celui qui remplit fidèlement tous ses devoirs.

D. Quels sont nos devoirs?

R. Être bon fils, être bon patriote, bon citoyen, être bon mari, être bon père, être bon ami.

A

D. Comment est-on bon fils ?

R. Par le respect qu'on a pour ses
père et mère ; les soins qu'on s'empresse
d'avoir d'eux lorsqu'ils sont malades ; le
plaisir qu'on éprouve à leur procurer
quelques biens ; à travailler pour les sou-
lager ; à sacrifier les plaisirs qui nous
sont personnels, pour rester près d'eux
et amuser leur vieillesse.

D. Comment est-on bon Patriote ?

R. En considérant sa Patrie comme sa
mère nourrice.

D. Qu'entendez-vous par la Patrie ?

R. Le pays où l'on est né, celui dont
on a adopté les loix.

D. Que doit-on faire pour elle ?

R. Comme c'est d'elle que nous tenons
la conservation de notre existence morale
et physique, nous lui en devons le sacri-
fice quand elle en a besoin ; ainsi nous
lui devons de faire la guerre pour la

défendre; de lui payer les impôts qu'elle exige, et d'accepter les emplois qu'elle nous confie.

D. Qu'entendez - vous par existence morale?

R. L'existence morale est l'état que nous avons dans la société, notre fortune, la place que nous occupons, etc.

D. Qu'est - ce que l'existence physique?

R. C'est la vie, la santé.

D. Comment est-on bon citoyen?

R. En ayant la probité qui fait bien remplir les devoirs de la profession que l'on a choisie; en étant bon voisin, charitable envers les pauvres; toujours exact à se rendre aux assemblées indiquées pour traiter les intérêts de la Patrie et de nos concitoyens; toujours zélé pour remplir les places auxquelles il n'est attaché aucun intérêt pécuniaire, en étant obéissant en tout à la Loi, et courageux pour la faire exécuter et pour dénoncer les abus.

D. Comment est-on bon mari ?

R. En ayant considération, estime et amitié pour sa compagne, et ayant de l'ordre dans son ménage.

D. Comment est-on bon père ?

R. En élevant ses enfans avec soin, leur donnant de bons principes, de bons exemples, et les moyens d'être heureux.

D. Comment est-on bon ami ?

R. En considérant son ami comme un autre nous - mêmes, dont nous-aimons les vertus, dont toutes les actions nous appartiennent, et dont les maux ou les biens nous sont communs.

D. Quelles sont les qualités desirables pour un homme ?

R. La fermeté, le courage, la bonté, la patience et la probité.

(8)

D. Qu'entendez-vous par la fermeté ?

R. La fermeté est cette volonté stable avec laquelle nous voulons arriver au but que nous nous sommes proposé, et que la raison nous a fait choisir.

D. Qu'entendez-vous par le courage ?

R. Le courage est l'empire que nous prenons sur nous-mêmes. C'est lui qui nous fait supporter les maux qui attaquent notre santé, notre fortune, nos sentimens les plus chers ; c'est lui qui nous fait braver la mort, qui nous fait trouver des ressources dans l'adversité.

D. Qu'entendez-vous par la bonté ?

R. C'est ce sentiment doux qui nous dit que nous ne pouvons être contens, heureux quand nous voyons souffrir, et qui nous porte à excuser celui qui fait une faute ; à partager avec un autre le bien, le plaisir dont nous pouvons jouir ; à en trouver un réel à obliger.

D. Qu'est-ce que la patience ?

R. C'est une portion du courage qui nous fait endurer paisiblement sans nous plaindre, d'attendre ce que nous souhaitons ; qui nous fait agir doucement et long-temps pour mieux réussir ; qui nous fait écouter ce que disent les autres avec attention pour le bien savoir ; qui nous fait endurer la douleur sans crier, sans nous agiter : il n'y a pas de jour dans la vie où l'on n'ait besoin d'en faire usage.

D. Qu'est-ce que la probité ?

R. C'est cette exactitude scrupuleuse avec laquelle on reconnoît que ce qui est à autrui ne nous appartient pas, et l'attention par conséquent de le conserver sans en disposer, puisque ce n'est pas à nous ; c'est cette fidélité à remplir nos engagemens d'après l'intention dans laquelle nous avons traité, et celle que nous savons qu'on a eue en traitant avec nous ; enfin , la probité est le juge sévère de toutes nos actions.

D. Quels sont les principes de la République Française ?

R. La liberté , l'égalité.

D. Qu'entendez-vous par la liberté ?

R. J'entends ce droit naturel qu'ont tous les hommes de faire , soit pour leur fortune , soit pour leur bonheur , tout ce qui ne nuit pas à autrui. Ainsi , la liberté cesse , là où la Loi la circonscrit ; car cette Loi n'a été faite que pour le bien de tous , et de l'aveu de la majorité. Ce mot n'est donc que dangereux et illusoire , s'il n'est pas accompagné de l'explication de son vrai sens , afin que chacun , en se glorifiant du titre d'homme libre , sente que pour posséder ce titre glorieux , il faut être soumis aux loix conservatrices de l'association ; sans cela , il ne seroit libre que comme un Sauvage, sans propriété, sans espoir d'en obtenir, ou de la conserver.

———————

ÉGALITÉ, c'est justice.

LIBERTÉ, c'est bonheur.

D. Qu'entendez-vous par égalité ?

R. La proscription de tous priviléges, de toute distinction héréditaire ; le droit que tous les hommes ont de prétendre aux places, aux dignités, aux emplois que la société établit pour l'intérêt commun : le mérite, les connoissances, les talens doivent être les seuls motifs de préférence.

D. La fortune doit-elle être égale ?

R. Non ! Cette égalité détruiroit la justice qui veut que vous puissiez transmettre à vos enfans ce que vous avez acquis par votre travail, par votre industrie, ce que vos pères vous ont laissé.

Une peuplade pourroit travailler en commun, considérer tous les enfans comme le bien de la société, toutes les propriétés comme les ressources de l'association : c'est la manière dont les hommes ont dû vivre dans l'origine. Mais comme les uns naissent forts, les autres foibles ; les uns grands, les autres petits ; les uns spirituels, les autres bornés ; les uns actifs, les autres paresseux, ils ont senti, en augmentant en nombre, qu'ils ne pouvoient pas tous se conduire de la même manière, et se borner aux mêmes besoins, aux mêmes ressources ; ils ont exercé chacun leurs facultés, et bientôt ont établi, par l'échange des objets de leur industrie réciproque, le commerce.

D. Mais il y aura donc toujours des heureux et des malheureux ?

R. Oui, parce qu'il y a des sages et des fous. Quand la société sera arrivée à son degré de perfection, elle fera en sorte qu'il n'y ait de malheureux que l'imbécille ou le coupable, par la pauvreté du moins; car il ne dépend pas d'elle de détruire le malheur qui tient à toute autre cause.

D. Comment fera-t-on pour enrichir les pauvres, car il y en a beaucoup?

R. On détruira le luxe qui insulte à la misère; de ce superflu on fera le nécessaire des pauvres. On établira beaucoup de maisons où les gens laborieux trouveront des outils, de l'ouvrage; une bonne instruction publique aura appris à chacun ses devoirs et ses droits, et un métier utile à la société. Les vieillards doivent, comme les enfans, être l'occupation de l'association fraternelle. Ainsi on aura des asyles pour ceux dont les enfans ne pourront prendre soin; on ira apprendre dans ces maisons à devenir vertueux; on soignera la vieillesse, en écoutant les leçons de l'expérience. Voilà,

mes bons enfans, ce que vous verrez un
jour, ce qui sera le fruit de votre sagesse,
le prix du courage de vos pères.

F I N.

A PARIS, de l'Imprimerie de MIGNERET,
rue Jacob, F. S. G., N.º 40.